Le P
L
Cuisine Irlandaise

John Murphy

ILLUSTRÉ PAR KAREN BAILEY

Première parution en 1986 par
Appletree Press, 19–21 Alfred Street
Belfast BT2 8DL
Tél +44 (0) 1232 243074
Fax +44 (0) 1232 243074

Le Petit Livre de Cuisine Irlandaise

Traduction française par Pholiota Translations Ltd.
Imprimé dans l'U.E.

ISBN 0-86281-236-4

9 8 7 6 5

Introduction

Je ne prétends pas que ce modeste livre donnera au lecteur plus qu'un tout petit goût de la cuisine irlandaise. Je ne vous présente pas une collection définitive de recettes irlandaises; je ne tente pas, non plus, de définir la cuisine irlandaise, si cela était possible. J'espère seulement vous donner une idée des plats et des mets irlandais que vous rencontrerez lors de votre visite en Irlande, et que vous pourrez dire que vous avez mangé “à l'irlandaise”.

Un mot sur les ingrédients

Il est parfois difficile de se procurer tous les ingrédients pour ces recettes irlandaises. Le bicarbonate de soude, par exemple, s'achète en France plutôt chez votre pharmacien que votre épicier. Le golden syrup est très difficile à trouver en province, mais vous pouvez toujours le remplacer par du miel liquide. Si la Porter est introuvable, utilisez un bock ou une bière brune belge ou de la Guinness . S'il vous manque du vrai bacon, utilisez du petit-salé ou du lard maigre.

Petit déjeuner de ferme irlandaise

Irish Farmhouse Breakfast

Des souvenirs d'un été particulièrement ensoleillé me reviennent, lors de mon séjour dans une ferme sur la péninsule de Dingle, il y a un an ou deux. Je me souviens du beau temps, mais également des petits déjeuners. Ceux-ci comportaient des scones et du pain complet sortant tout chauds du four.

Pour préparer ce délicieux petit déjeuner, il faut pour chaque personne, faire revenir deux saucisses à feu doux jusqu'à ce qu'elles soient bien dorées de tous les côtés. Faites revenir également quelques tranches de boudin blanc et de boudin noir. Otez-les de la poêle et maintenez-les au chaud. Jetez la graisse, qui est assez indigeste, et faites revenir les tranches de bacon, dont on aura prélablement ôté la couenne. Ensuite, faites frire deux œufs sur le plat par personne dans la graisse de bacon, en ramassant de la graisse à la petite cuillère et en en arrosant de temps en temps les jaunes d'œuf. Faites revenir quelques champignons, une demie tomate et une tranche ou deux de galette de pommes de terre pour chaque personne. Ajoutez une noix de beurre, s'il n'y a pas assez de graisse de bacon, mais évitez de cuisiner uniquement au beurre puisque celui-ci a tendance à brûler, même à basse température.

Pain au bicarbonate de soude

Soda Bread

Ce pain est populaire à travers toute l'Irlande. Il est souvent servi à l'heure du thé ou même pour le petit déjeuner, parce qu'il est facile et rapide à préparer. Chez nous, on appelait le pain de farine blanche "soda bread", c'est à dire pain au bicarbonate de soude, tandis que le pain préparé à partir de farine complète s'appelait "wheaten bread", soit, pain au froment.

---

500 g de farine
1 cuillerée à café de sel
1 cuillerée à café de bicarbonate de soude
1 cuillerée à café de sucre (facultatif)
500 ml de babeurre ou de lait caillé

Versez la farine, le sel et le sucre, si vous en employez, dans une grande jatte. Mélangez à pleines mains, en ramassant le mélange et en le laissant tomber de nouveau dans la jatte pour bien aérer la farine. Ajoutez assez de babeurre pour constituer une pâte molle, puis travaillez la pâte rapidement car le babeurre et le bicarbonate seront déjà en train de réagir. Pétrissez doucement la pâte jusqu'à ce que la pâte soit bien ferme. Il ne faut pas pétrir trop longtemps, cela durcirait la pâte, ni trop peu ou elle ne gonflera pas assez.

Formez une miche ronde d'environ l'épaisseur de votre poing. Placez-la sur une plaque à four légèrement farinée. Avec un couteau enduit de farine, marquez une croix sur la surface. Enfournez dans la partie haute du four préchauffé à 230 degrés, et cuire pendant 30 à 45 minutes.

Pour vérifier si le pain est cuit, il faut taper dessus avec la jointure des doigts; si vous obtenez un bruit creux, le pain est prêt. Enveloppez-le immédiatement dans une serviette pour que la croûte ne durcisse pas davantage.

Wheaten bread ou brown soda, soit le pain complet, se prépare exactement de la même façon, si ce n'est que l'on remplace toute ou une partie de la farine blanche par de la farine complète. Cependant cette préparation nécessitera probablement moins de babeurre. Il existe une autre variante appelée Spotted Dick, qui consiste à ajouter au pain blanc une demie tasse (50 g) de raisins de Smyrne.

Le thé
A Pot of Tea

Pour faire une bonne tasse de thé, portez de l'eau fraîche à ébullition. Versez-en un peu dans une théière d'un litre en faïence ou en terre cuite pour la réchauffer, videz ensuite l'eau. Utilisez du thé de bonne qualité, et mettez-en 3 à 5 cuillères à café, selon votre goût, dans la théière chaude. Portez de nouveau l'eau à ébullition et versez-la aussitôt dans la théière. Remettez le couvercle de la théière et laissez la boisson infuser pendant cinq minutes, pas moins sinon l'arôme n'aura pas eu le temps de se développer. Cependant, il ne faut pas laisser le thé infuser trop longtemps, car en ce cas le tanin commencera à se diffuser dans l'eau, ce qui donnera au thé un goût amer. Pour la même raison, il faut toujours utiliser de l'eau bouillante pour faire le thé, mais il ne faut jamais faire bouillir l'infusion.

Les scones

Scones

---

250 g de farine
1 sachet de levure chimique
50 g de beurre
150 ml de lait
1 pincée de sel

Versez la farine dans un saladier et incorporez le beurre avec le bout des doigts. Ajoutez la levure et le sel, puis versez le lait petit à petit, en mélangeant avec une spatule en métal. Pétrissez avec les mains farinées pour obtenir une pâte molle, en ajoutant un peu de lait si nécessaire. Sur une planche farinée, étalez doucement et régulièrement la pâte, jusqu'à ce qu'elle ait l'épaisseur d'un doigt. Découpez la pâte en rondelles de 5 cm de diamètre d'un mouvement rapide, mais ne tirez pas en séparant les morceaux, sinon les scones se déformeront à la cuisson.. Faites cuire pendant 12 à 15 minutes sur une plaque à four graissée dans la partie haute du four préchauffé à 220 degrés.

Il vaut mieux préparer les scones frais pour le thé puisqu'ils deviennent rassis très rapidement. Les brown scones, faits avec de la farine complète, se préparent exacement de la même façon. Il ne faut remplacer que la moitié de la farine blanche par de la farine complète. Pour les petits pains aux fruits secs, ajoutez une cuillerée à soupe de sucre et deux cuillerées à soupe de fruits secs avant de verser le lait.

Gelée de pommes

Apple Jelly

Cette gelée bien savoureuse est très facile à préparer et se conserve bien – si on ne la mange pas avant...!

---

2 kg de pommes
12 clous de girofle
2 litres d'eau
2 kg de sucre

Lavez et découpez les pommes en quartiers, sans les peler ni enlever les trognons. Placez-les sur une assiette allant au four avec les clous de girofle et l'eau. Recouvrez d'une feuille d'alu si nécessaire. Laissez cuire toute la nuit dans la partie basse du four à 110 degrés. Le lendemain, passez la purée à travers un linge fin (en Irlande, on emploie parfois une taie d'oreiller blanche) ou à travers une passoire doublée de linge de fil. Ne tordez pas! Mesurez la quantité de liquide et mettez-le dans une grande cocotte. Ajoutez une tasse (250 g) de sucre pour chaque tasse (250 ml) de liquide. Chauffez pour faire fondre le sucre et portez à ébullition pendant 10 minutes. La gelée est cuite si, quand on en retire une cuillerée de la cocotte et qu'on laisse tomber le liquide sur une soucoupe froide, celui-ci se solidifie. Faites attention à cette étape de la cuisson, une trop longue cuisson produira un sirop qui deviendra juste un petit peu plus épais mais ne se solidifiera pas. Versez la gelée dans les pots préalablement chauffés au four et recouvrez-les de rondelles de papier ciré ou d'une feuille de céllophane mouillée d'un côté et scellez hermétiquement avec le couvercle.

Apple
Jelly

Pain d'épices au levain

Barm Brack

---

125 ml de lait tiède
1 cuillerée à café de sucre
1 cuillerée à café de levure de bière
250 g de farine à pain
1 cuillerée à café de quatre épices
1 pincée de sel
1 œuf
3 cuillerées à soupe de beurre
200 g de fruits secs mixtes
50 g (4 cuillerées à soupe) de sucre en poudre

Mélangez la levure et le sucre et laissez réagir dans le lait, qui doit avoir été réchauffé. Dans un autre plat, versez la farine, le sucre en poudre, les épices et incorporez le beurre. Creusez un puits au milieu et ajoutez le mélange contenant la levure, l'œuf, et battez le tout avec une cuillère en bois pendant environ 10 minutes jusqu'à ce qu'une belle pâte se forme. Les fruits et le sel doivent être incorporés à la main et le tout pétri. Placez la pâte dans un saladier chaud, recouvrez-le et laissez gonfler dans un endroit chaud pendant une heure jusqu'à ce que la pâte double de volume.

Pétrissez doucement et placez dans un moule à gâteaux de15 cm légèrement graissé et laissez gonfler de nouveau pendant 30 minutes. Faites cuire dans la partie supérieure du four préchauffé à 200 degrés pendant 45 minutes. Au sortir du four, le pain d'épices peut être recouvert d'un glaçage de sirop préparé avec 2 cuillerées à café de sucre dissoutes dans 3 cuillerées à café d'eau bouillante.

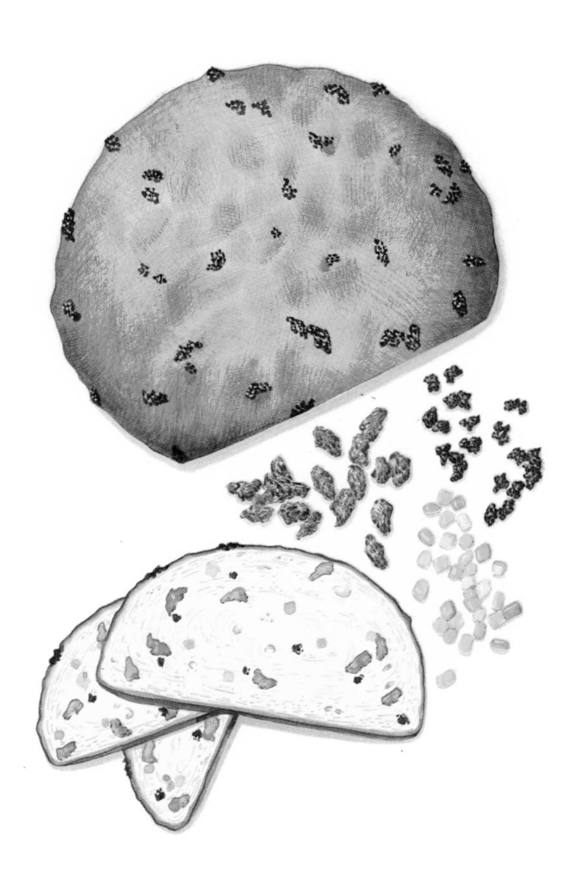

Galettes irlandaises

Drop Scones

Dans le nord du pays, ces galettes qui sont presque des crêpes sont surtout connues sous le nom de "crêpes écossaises" (Scotch pancakes). Il faut les faire cuire immédiatement après avoir mélangé les ingrédients, puisque le babeurre commencera aussitôt à réagir avec le bicarbonate de soude. Pour cette raison, la poêle ou la casserole doit être préalablement chauffée.

---

250 g de farine
1 demi-cuillerée à café de bicarbonate de soude
1 cuillerée à café de sel
1 cuillerée à café de sucre
1 gros œuf
250 ml de babeurre

Mélangez les ingrédients secs dans un saladier. Creusez un puits au milieu avec une cuillère en bois et incorporez l'œuf. Cassez le jaune et versez le babeurre, en mélangeant rapidement jusqu'à ce que vous obteniez une pâte épaisse. Il ne faut pas la battre, cela développerait le gluten dans la farine et empêcherait les galettes de gonfler. Versez une grosse louche de pâte dans une poêle épaisse chauffée et légèrement graissée. Les galettes sont délicieuses servies pour le thé, généreusement tartinées de beurre fondu et de Golden Syrup ou de confiture.

Galettes de pommes de terre

Potato Farls

Ces galettes sont également connues sous le nom de pains de pommes de terre. Elles sont un vrai plat régional d'Irlande du Nord et un des principaux ingrédients de la grillade connue sous le nom de "Ulster Fry". Les autres constituants sont le bacon, les œufs, les saucisses et parfois les galettes au bicarbonate de soude.

Pour préparer ce plat, il faut faire une purée de pommes de terre. Les pommes de terre, qui doivent être fraîchement cuites à l'eau ou de préférence à la vapeur, sont passées au moulin et utilisées toutes chaudes.

---

25 g de beurre
1 kg de purée de pommes de terre
sel
125 g de farine
graisse de bacon

Faites fondre le beurre sur une plaque ou dans une poêle et mélangez-le avec les pommes de terre et le sel. Incorporez rapidement mais minutieusement la farine et pétrissez doucement. Divisez en deux et étalez chaque moitié de pâte en un cercle de la taille d'une grande assiette sur une planche farinée. Découpez en quartiers (Farl signifie quartier). Faites fondre de la graisse de bacon dans une poêle lourde. Dorez les galettes 3 minutes de chaque côté.

Friture de pommes de terre à l'irlandaise

Boxty

---

250 g de pommes de terre crues
250 g de purée de pommes de terre
250 g de farine
1 sachet de levure chimique
1 cuillerée à café de sel
1 grosse noix de beurre fondu
125 ml de lait

Râpez les pommes de terre crues dans un saladier. Videz le tout dans un torchon et essorez, en conservant le liquide. Celui-ci se séparera en deux, un liquide clair et de l'amidon au fond. Jettez le liquide et enlevez l'amidon en le grattant; mélangez-le avec les pommes de terre râpées et en purée. Mélangez la levure avec la farine et le sel et incorporez-les dans le beurre fondu. Ajoutez un peu de lait si nécessaire pour obtenir une pâte molle. Pétrissez doucement sur une surface farinée. Divisez la pâte en quatre morceaux et roulez les morceaux pour faire quatre galettes. Avec un couteau, faites une croix pour les partager en quatre, mais ne coupez pas trop profondément. Faites les cuire sur une plaque sur le feu ou dans une poêle à fond épais.

Vous pouvez aussi rajouter du lait et du sucre pour obtenir une pâte à frire à faire dorer dans de la graisse de bacon comme les scones au lait (voir recette p 17).

Caramel irlandais
Yellowman

Ce caramel mielleux et collant, mais pourtant dur et tranchant, est traditionnellement vendu à la Ould Lammas Fair, la fête de la moisson, célébrée à la fin du mois d'août.

---

500 g de Golden Syrup ou de miel liquide
250 g de sucre brun
1 grosse noix de beurre
2 cuillerées à soupe de vinaigre
1 cuillerée à café de bicarbonate de soude

Dans une grande casserole, faites fondre lentement tous les ingrédients sauf le bicarbonate de soude. Ne remuez pas. Faites bouillir jusqu'à ce qu'une goutte du mélange que l'on laisse tomber dans de l'eau froide durcisse (environ 190 degrés). Ajoutez le bicarbonate de soude. Le caramel se formera immédiatement lorsque le vinaigre libèrera le gaz contenu dans le bicarbonate de soude. Versez sur une plaque graissée, et lorsque la manipulation est possible, repliez les bords vers le centre puis étirez de nouveau la pâte et recommencez cette opération jusqu'à ce qu'une couleur jaune pâle apparaîsse. Laissez refroidir et durcir dans un plat graissé, puis cassez en morceaux avec un marteau à caramel ou tout ce qui vous passe sous la main.

Soupe de pommes de terre
Potato Soup

L'essentiel pour une bonne soupe, surtout une soupe simple comme celle-ci, est un bon bouillon. La base de cette soupe est un bouillon clair, c'est-à-dire de l'eau dans laquelle vous aurez fait cuire du poulet,du jambon ou du bacon. On peut également préparer le bouillon en utilisant un os de jambon ou une carcasse de poulet mijotée avec quelques légumes et aromates, et surtout avec de l'oignon. Passez le bouillon au tamis, laissez le refroidir et dégraissez-le.

---

6 pommes de terre moyennes
2 oignons moyens
1,5 litres bouillon ou un mélange de lait et d'eau
1 cuillerée à soupe de 15 g de beurre
persil
sel et poivre
(pour six personnes)

Epluchez et coupez les pommes de terre en dés. Hachez les oignons. Faites fondre le beurre dans une casserole couverte à feu doux et faites cuire les oignons et les pommes de terre jusqu'à ce qu'ils soient ramollis, mais ne les laissez pas dorer. Ajoutez le bouillon, assaisonnez au goût. Passez la soupe au tamis si vous le voulez et servez-la dans des assiettes creuses. Parsemez d'un peu de persil haché.

Soupe aux pois et au jambon

Pea and Ham Soup

Cette soupe se fait avec des pois secs. Il est généralement conseillé de les laisser tremper toute la nuit, bien qu'il soit possible d'obtenir des pois nécessitant seulement quelques heures d'immersion.

---

500 g de petits pois secs ou de pois cassés
125 g de petits cubes de jambon cuit ou un os de jambon
1 gros oignon et une noix de graisse (facultatif)
1, 5 litres de bouillon de jambon ou d'eau
crème liquide (facultatif)
persil (facultatif)
sel et poivre
(pour six personnes)

Trempez les pois en suivant le mode d'emploi indiqué sur le paquet. Hachez l'oignon et faites-le revenir à feu doux dans un peu de graisse. Ajoutez les pois et l'eau, le bouillon, ou bien l'os de jambon.

Faites cuire doucement jusqu'à ce que les pois soient ramollis, environ une heure. Retirez la viande et l'os de la cocotte. Coupez le jambon en dés. Passez les pois au moulin à légumes ou à travers une passoire. Assaisonnez à volonté. Ajoutez les dés de jambon et servez avec une cuillerée de crème liquide ou parsemez de persil haché.

Bouillon de mouton

Mutton Broth

Il est préférable de préparer ce bouillon une journée à l'avance. La graisse qui apparaît à la surface se solidifiera et on pourra facilement la retirer.

---

1 kg de collet de mouton
1 l et demi d'eau
2 cuillerées à soupe d'orge perlée
1 gros oignon
1 navet moyen
2 grosses carottes
1 demi chou blanc
(pour six personnes)

Placez la viande dans une grande casserole et recouvrez d'eau froide. Portez à ébullition et écumez la surface. Rincez l'orge et versez-la dans la casserole. Couvrez, sans trop serrer, et laissez mijoter doucement pendant 90 minutes. Râper le chou, coupez les autres légumes en dés et ajoutez-les à la soupe. Portez de nouveau à ébullition et laissez mijoter une heure de plus. Retirez le mouton et séparez la viande des os, de la graisse ou du cartilage. Hachez la viande et remettez-la dans la soupe. Laissez refroidir et dégraisssez. Réchauffez avant de servir.

Saumon cuit au four
Baked Salmon

C'est sans aucun doute un plat onéreux, mais il pourra être servi à huit ou dix personnes et fera excellent effet pour une fête.

---

1 saumon frais entier (environ 2 kg)
persil
sel et poivre
125 g de beurre
125 ml de cidre sec
250 ml de crème liquide

Nettoyez et écaillez le saumon. Coupez la tête, la queue et les nageoires. Farcissez l'œsophage avec le persil . Beurrez une feuille d'aluminium et formez une sorte d'enveloppe autour du poisson, en rejoignant les deux bouts mais en laissant le sommet ouvert pour le moment. Mettez le reste du beurre sur le saumon, assaisonnez et versez dessus le cidre et la crème. Refermez l'enveloppe d'aluminium, en laissant seulement une petite cheminée sur le sommet. Faites cuire au four pendant 75 minutes à 180 degrés. Lorsque c'est prêt, retirez du four, enlevez la peau et réduisez la sauce en faisant bouillir, tout en remuant tout le temps. Servez avec des pommes de terre nouvelles et des petits pois du jardin.

Homard à la crème

Dublin Lawyer

Ce plat, fruit d'une heureuse combinaison, est à la fois délicieux et traditionnel, bien que le coût de ses ingrédients en fasse un plat de grandes occasions plutôt qu'un plat de tous les jours. Pour obtenir le meilleur goût, le crustacé doit être fraîchement tué avant d'être cuit. Enfoncez un couteau pointu derrière la tête. Coupez en deux dans le sens de la longueur et fendez les pinces. Enlevez la chair et coupez-la en gros morceaux. Conservez les deux moitiés de la carapace pour servir.

---

1 homard vivant, d'environ 1 kg
125 g de beurre
125 ml de whiskey irlandais
150 ml de crème fraîche
sel et poivre
(pour deux)

Faites revenir la chair de homard dans du beurre fondu à feu moyen pendant quelques minutes jusqu'à ce qu'elle soit cuite. Faites attention à ce que le beurre ne brûle pas. Ajoutez le whiskey, lorsqu'il est chaud, approchez une allumette et faites flamber. Versez la crème, faites chauffer et assaisonnez. Servez dans les moitiés de carapace avec de bons flageolets qu'on aura simplement faits bouillir.

JOHN JAMESON
ESTD
IRISH WHISKE
FRIENDLY
MATCHES

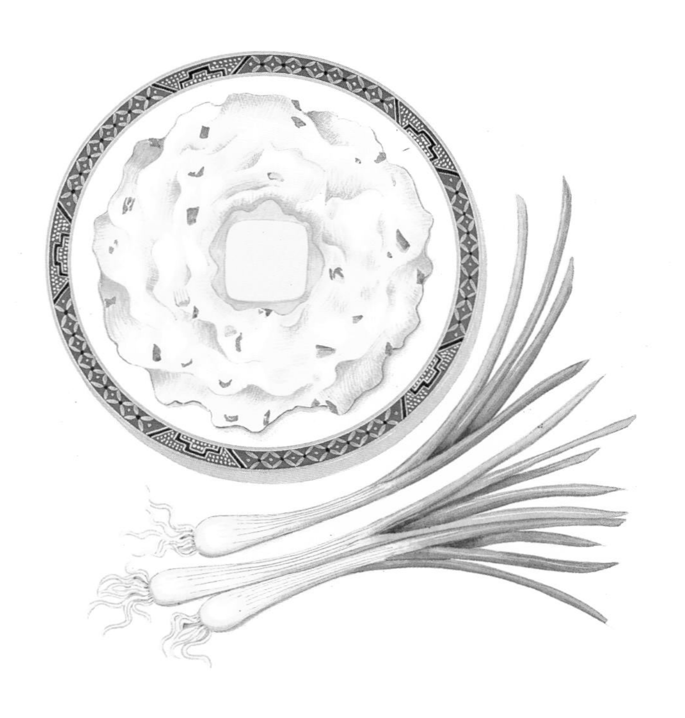

Purée de pommes de terre à l'irlandaise

Champ

Le champ est un plat simple et revigorant, et qui est de plus bon marché, facile à préparer et très consistant. Lorsque j'étais enfant, nous en avions pour le dîner de la fête d'Hallowe'en. On y cachait une pièce d'argent de six pences, enveloppée dans du papier sulfurisé. La retrouver dans sa part portait chance toute l'année.

---

8 pommes de terre moyennes, épluchées	*125 ml de lait*
	sel et poivre
quelques brins de ciboulette	*1 noix de beurre*

(pour quatre convives)

La meilleure méthode pour préparer les pommes de terre est de les cuire dans de l'eau bouillante dans une cocotte et de les passer au moulin à légumes. Hachez finement la ciboulette entière et la cuire pendant cinq minutes dans le lait. Battez la mixture dans la purée de pommes de terre jusqu'à obtenir un mélange homogène et gonflant, assaisonnez à votre goût. Servez une bonne portion dans chaque assiette avec une grosse noix de beurre fondu sur le dessus. Trempez chaque bouchée dans le beurre fondu.

Le Colcannon se prépare de la même façon que le Champ, mais avec du chou en plus. Dans certaines parties du pays, on utilise du chou blanc. Pour préparer cela, coupez et hachez un chou de petite taille (retirer le cœur) et faites le cuire jusqu'à ce qu'il soit tendre. Battez le dans la purée de pommes de terre et servez le comme indiqué ci-dessus.

Bœuf aux épices
Spiced Beef

Le bœuf aux épices est traditionnellement servi au moment de Noël.

---

3 kg de gîte ou de tende de tranche de bœuf
2 cuillerées à café de chacun des condiments suivants:
clous de girofle pilés, poivre noir moulu,
cannelle, macis, salpêtre et quatre épices
2 cuillerées à soupe de mélasse
2 cuillerées à soupe de sucre brun
de l'eau froide
1 bouteille de Guinness
125 g de sel

Mélangez tous les condiments et épices et le sucre. Placez la viande dans un plat creux et enrobez-la de ce mélange. Faites pénétrer la mixture en frottant une à deux fois par jour pendant une semaine. Ficelez la viande et placez-la dans une casserole. Recouvrez d'eau et de la Guinness. Faites mijoter doucement pendant 5 à 6 heures. Laissez refroidir. Pressez alors doucement la viande entre deux assiettes. Le bœuf aux épices se sert généralement froid, coupé en tranches fines.

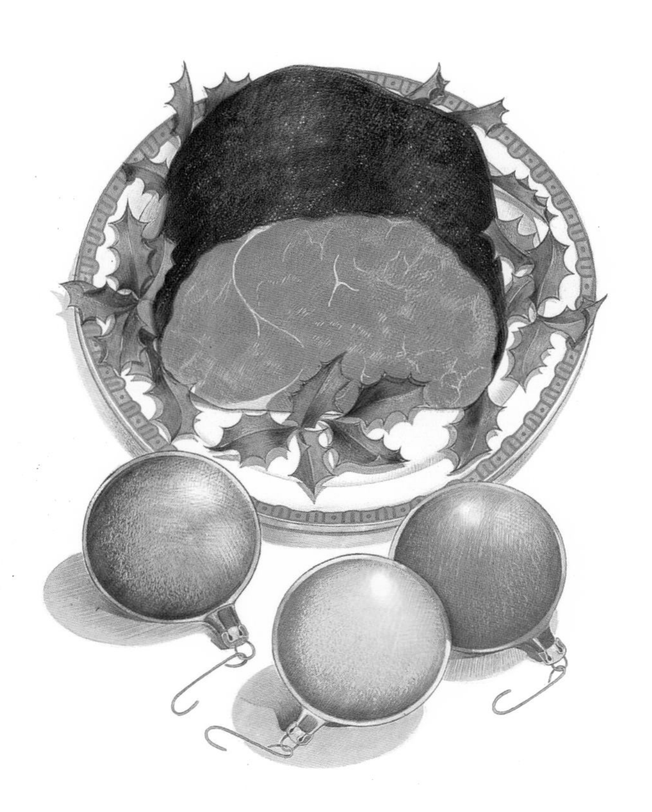

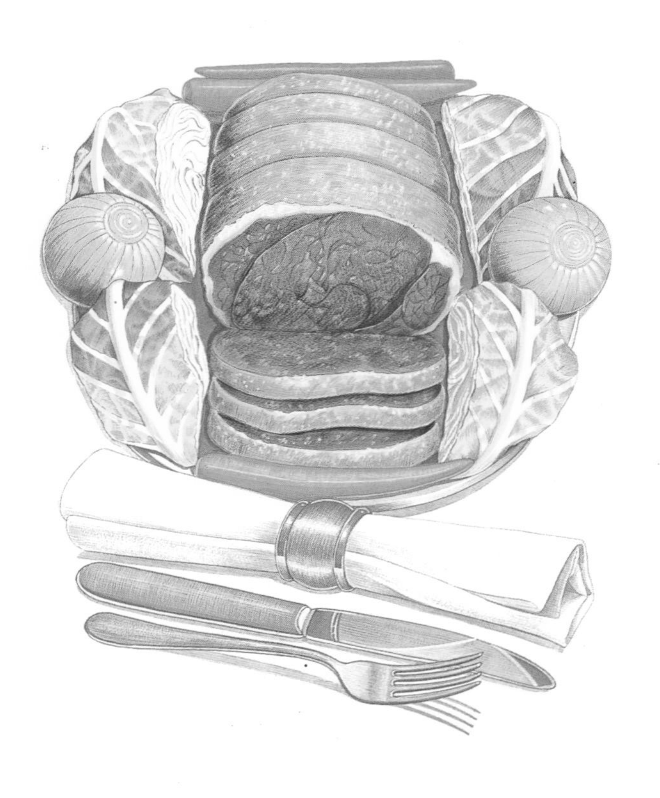

Corned beef au chou
Corned Beef and Cabbage

Le corned beef est de la poitrine de bœuf, du gîte ou de la tende de tranche qui a mariné dans de l'eau salée. Cette recette est surtout populaire autour de Dublin. Il est préférable de faire tremper le corned beef toute une nuit pour enlever l'excès de sel.

---

2 kg de corned beef
2 gros oignons
2 grosses carottes
4 pommes de terre
1 gros chou
1 feuille de laurier
de l'eau froide
du poivre noir
(pour quatre à six personnes)

Découpez le chou en quartiers. Epluchez et découpez en tranches les autres légumes. Recouvrez la viande d'eau et portez à ébullition. Enlevez la graisse de la surface, et ajoutez les légumes (à l'exception du chou), la feuille de laurier et le poivre et faites mijoter doucement pendant 1h30. Ajoutez le chou et faites cuire de nouveau pendant une demi-heure. Servez la viande accompagnée des légumes et d'une purée de pommes de terre.

Jambon cuit à la façon de Limerick

Baked Limerick ham

Il existe différentes méthodes de conserver la viande de porc: le sel, la fumée, le trempage dans de l'eau salée ou dans du miel. Le jambon classique de Limerick est fumé au dessus de branches de genévrier. Les jambons entiers doivent mariner dans de l'eau froide pendant une nuit avant d'être cuisinés sans forcément être découpés. Le jambon dans cette recette n'est pas vraiment cuit mais plutôt terminé au four après avoir mijoté avec du cidre.

---

1 jambon de 2 kg
cidre (assez pour recouvrir le jambon)
125 g de sucre, brun si possible
1 cuillère à café de moutarde
20 clous de girofle

Plongez le jambon dans de l'eau froide et amenez lentement à ébullition. Jetez l'eau et remplacez-la par du cidre. Portez à ébullition et réduisez la température, laissez frémir le liquide, en comptant 20 minutes par demi-kilo de jambon. Retirez du feu et laissez mariner dans le liquide pendant 30 mn. Retirez le jambon, enlevez la couenne et ciseler le lard en surface en forme de losanges avec un couteau. Piquez-y les clous de girofle. Mélangez la moutarde et le sucre et badigeonnez cette mixture sur le jambon en la faisant pénétrer. Faites cuire dans un four préchauffé à 200 degrés en comptant 10 minutes par demi-kilo de jambon.

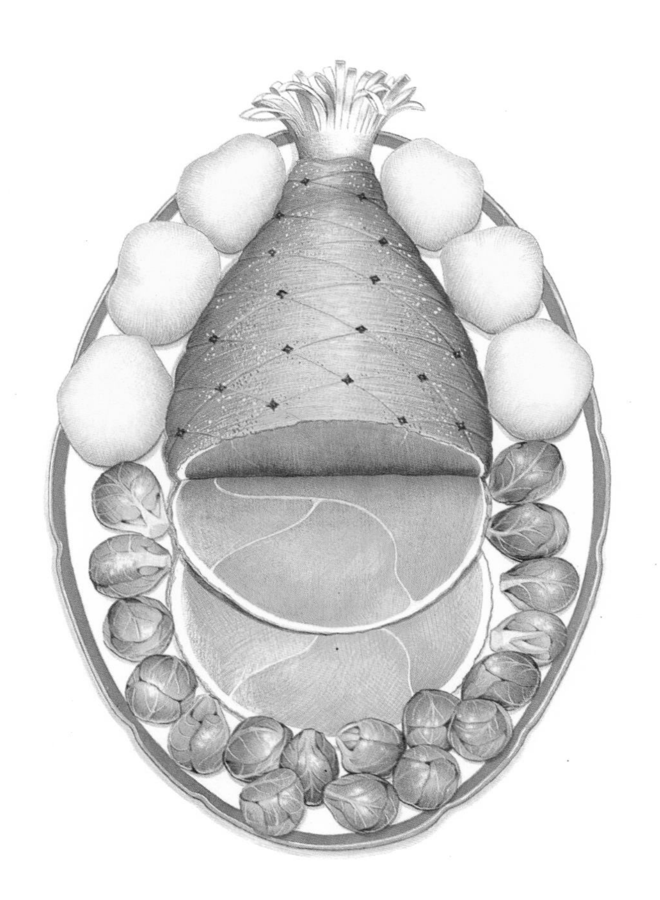

Bœuf à la Guinness

Beef in Guinness

La bière dans cette recette joue le même rôle que le vin dans le coq au vin. L'acide et l'humidité combinés à une longue cuisson à feu doux contribuent à attendrir cette viande ferme mais savoureuse.

---

1 kg de jarret de bœuf
2 gros oignons
6 carottes moyennes
2 cuillerées à soupe de farine
un peu de matière grasse ou de graisse de bœuf
250 ml de Guinness mélangée avec de l'eau
sel et poivre
1 brin de persil
(pour quatre convives)

Coupez le bœuf en morceaux. Coupez les oignons et les carottes en rondelles après les avoir épluchés. Roulez la viande dans la farine et faites-la revenir rapidement dans la matière grasse chaude. Retirez le bœuf et faites doucement revenir les oignons jusqu'à ce qu'ils deviennent transparents. Remettez le bœuf et ajoutez les carottes et le mélange de bière et d'eau. Portez à ébullition, puis mettez à feu doux en couvrant hermétiquement et laissez cuire 1h30 à 2h. Faites attention à ce que le plat ne s'assèche pas en ajoutant un peu plus de mélange de bière et d'eau si nécessaire. Assaisonnez puis parsemez de persil haché et servez avec des pommes de terre en robe des champs.

Le ragoût irlandais
Irish Stew

Ce ragoût irlandais est facile à préparer et s'il est fait avec du mouton et cuit lentement, il sera à la fois tendre et savoureux. Le mouton, étant une viande plus forte, a plus de goût que l'agneau mais nécessite d'être cuit à l'eau pendant quelques heures à feu doux. Il ne faut pas bouillir, sinon le goût serait gâché.

---

1 kg de mouton désossé
4 grosses pommes de terre
2 gros oignons
3 ou 4 carottes moyennes
brin de persil
500 ml d'eau
sel et poivre
(pour quatre personnes)

Epluchez les légumes. Coupez la viande et les légumes en gros morceaux. Hachez le persil. Choisissez une cocotte avec un couvercle et rangez-y les ingrédients en les alternant, en commençant et finissant par les pommes de terre. Versez l'eau et assaisonnez à votre goût. Couvrez et laissez mijoter à feu doux pendant environ 2h30 jusqu'à ce que la viande soit tendre et que les pommes de terre aient épaissi la sauce. Ce plat peut aussi être préparé avec de l'agneau. Dans ce cas, 1h30 seulement de cuisson sera nécessaire.

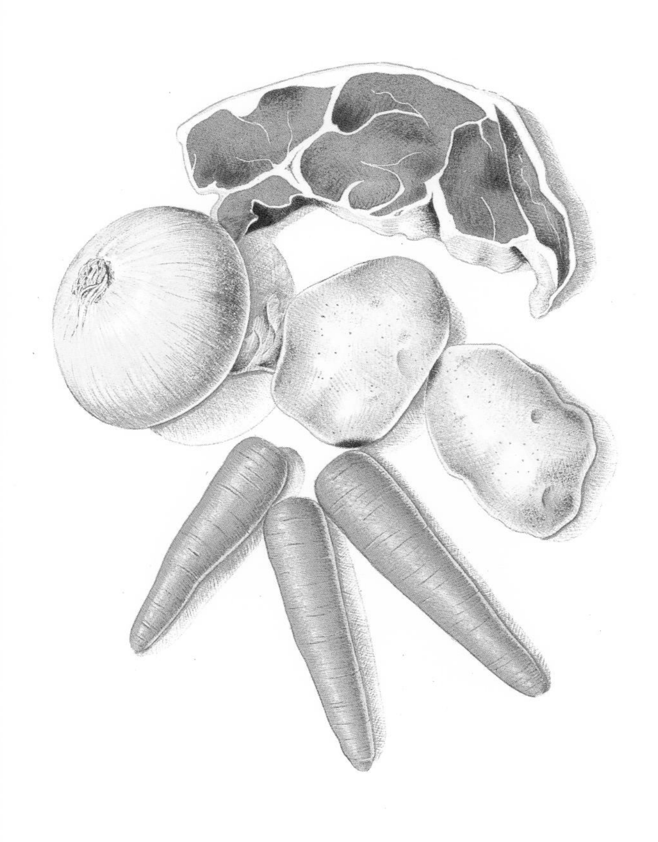

Etuvée de Dublin
Dublin Coddle

C'est un plat trés populaire, depuis longtemps, surtout à Dublin. Il est nourrissant, savoureux, économique et revigorant, que demander de plus?

---

500 g de saucisse de meilleure qualité
250 g de bacon ou lard maigre
300 ml de bouillon ou d'eau
6 pommes de terre moyennes
2 oignons moyens
sel et poivre
(pour quatre personnes)

Coupez le bacon en dés de 3 cm. Portez le bouillon à ébullition dans une casserole moyenne avec un couvercle, ajoutez les saucisses et le bacon et faites cuire à feu doux pendant environ 5 minutes. Retirez les saucisses et le petit-salé et versez le bouillon dans un autre plat. Coupez chaque saucisse en quatre ou cinq morceaux. Epluchez les pommes de terre et coupez-les en tranches épaisses. Pelez les oignons et coupez-les en fines tranches. Disposez une couche de pommes de terre dans la casserole, suivie d'une couche d'oignons et la moitié du bacon et des saucisses. Recommencez l'opération et finissez par une nouvelle couche de pommes de terre. Versez le bouillon dessus et assaisonnez. Couvrez et laissez mijoter à feu doux pendant environ une heure. Goûtez et rectifiez l'assaisonnement si nécessaire et servez tout chaud.

Sorbet aux mûres

Blackberry Sorbet

Un sorbet aux fruits est une façon délicieuse et rafraîchissante de finir un repas. Ce sorbet facile à réaliser n'a pas son égal pour préserver la douceur de l'automne jusque dans les profondeurs de l'hiver. On trouve les mûres dans les buissons au bord des routes dans la campagne irlandaise, de la fin août à la mi-octobre. Un été humide suivi d'un automne chaud et sec assurera une récolte exceptionnelle.

---

500 g de mûres fraîches
125 g de sucre
125 ml d'eau
2 blancs d'œufs
(pour quatre personnes)

Lavez soigneusement les mûres et enlevez les queues. Passez les fruits au mixeur et filtrez à l'aide d'une passoire. Faites fondre le sucre dans l'eau et bouillir pendant cinq minutes pour préparer un sirop. Ajoutez les mûres et faites bouillir une autre minute.Lorsque le liquide est refroidi, incorporez les blancs battus en neige très ferme. Faites prendre dans une sorbetière ou dans un bac à glaçons dans la partie congélateur d'un réfrigérateur. Si l'on choisit la deuxième solution, la préparation devra être remuée environ toutes les heures pour éviter la formation de cristaux de glace.

Mousse à la rhubarbe

Rhubarb Fool

Une mousse aux fruits est un dessert simple et délicieux, riche et crémeux. juste ce qu'il faut.

---

6 à 8 grosses tiges de rhubarbe
25 g de sucre
1 noix de beurre
250 ml de crème fouettée
(pour quatre personnes)

Coupez la rhubarbe en morceaux et faites mijoter à feu doux avec le sucre et le beurre jusqu'à ce que cela soit cuit mais pas en bouillie. Passez au moulin à légumes. Lorsque c'est froid, ajoutez de la crème fouettée très ferme. Mettez au réfrigérateur et servez avec des boudoirs.

La mousse aux pommes ou aux groseilles à maquereau se fait exactement de la même facon, mais dans le cas des groseilles, il faut utiliser une passoire pour enlever les pépins. On peut adapter la quantité de sucre selon son goût.

Dessert aux groseilles à maquereau

Gooseberry Crumble

Ce plat est un dessert facile à préparer et économique, surtout pendant la saison des groseilles à maquereau. La recette de base peut être utilisée pour d'autres garnitures, comme la rhubarbe, la pomme ou un mélange de pommes et de mûres.

---

250 g de farine
1 sachet de levure chimique
125 g de sucre brun
125 g de beurre
1 kg de groseilles à maquereau
200 g de sucre en poudre

Mélangez doucement du bout dos doigts le beurre à la farine dans un saladier. Lorsque cela ressemble à de fines miettes de pain, ajoutez le sucre et la levure et mélangez. Equeutez les groseilles et disposez-les dans un plat à tarte, puis recouvrez du mélange buerre/farine, en appuyant doucement sur la surface. Faites cuire pendant 45 minutes au centre du four préchauffé à 180 degrés. Servez chaud avec de la crème liquide.

Tarte aux pommes

Apple Tart

La matière grasse de cette tarte doit normalement être constituée pour moitié de beurre, et pour l'autre moitié de saindoux. Cependant on peut utiliser uniquement du beurre si on le souhaite. Il faut aller doucement lorsqu'on prépare la pâte et tout doit être maintenu au frais. Il est préférable de laisser reposer la pâte dans un endroit frais avant de l'étaler.

La pâte	**La garniture**
250 g de farine	*4 ou 5 pommes aigres de taille moyenne*
125 g de matière grasse	*2 cuillerées à soupe de sucre brun*
1 pincée de sel	*3 ou 4 clous de girofle (facultatif)*
de l'eau glacée	

Mettez la matière grasse froide dans un saladier avec la farine et remuez. Lorsque cela ressemble à de fines miettes de pain, ajoutez deux ou trois cuillerées à soupe d'eau glacée pour lier la préparation, et mélangez avec un couteau à tête ronde. Pétrissez légèrement la pâte et laissez reposer avant de l'étaler. Recouvrez un plat à tarte en métal d'environ 25 cm avec la moitié de la pâte. Pelez et coupez les pommes en fines tranches et garnissez-en la pâte. Saupoudrez de sucre. Etalez le reste de la pâte comme un couvercle en humidifiant le bord de la pâte pour l'aider à coller. Découpez un trou sur le sommet et faites cuire dans la partie supérieure du four pendant 30 mn à 220 degrés. Servez chaud ou froid avec de la crème.

Gâteau à la bière brune

Porter Cake

La Porter est une bière brune irlandaise, qui n'est maintenant plus aussi répandue qu'autrefois. Elle n'est pas aussi forte mais elle est plus sucrée que la Guinness. La Guinness ou autres bières irlandaises fortes, ainsi que les bières brunes belges, peuvent la remplacer dans cette recette si elles sont mélangées de moitié avec de l'eau.

---

250 ml de Porter ou autre bière brune
250 g de beurre
250 g de sucre brun
1 kg de fruits secs
500 g de farine
1/2 cuillerée à café de bicarbonate de soude
1 cuillerée à café de quatre épices
zeste d'un petit citron (facultatif)
3 œufs moyens

Mélangez le beurre et le sucre avec la bière dans une casserole.Ajoutez les fruits secs et faites mijoter pendant 10 minutes.Laissez refroidir et ajoutez la farine, le bicarbonate de soude, les épices et le zeste de citron. Battez les œufs et incorporez-les avec une cuillère en bois. Versez la pâte dans un moule graissé d'environ 25 cm de diamètre et faites cuire dans un four préchauffé à 160 degrés pendant environ 1h45. Pour tester la cuisson, enfoncez un couteau ou une broche au milieu. Si le gâteau est prêt, le couteau ou la broche ressortira propre. Laissez refroidir le gâteau dans le moule.

Café irlandais · Whiskey chaud

Irish Coffee · Hot Whiskey

---

200 ml de café noir, fort et chaud
1 ou 2 cuillerées de sucre
1 large mesure de whiskey irlandais
1 ou 2 cuillerées à soupe de crème fraîche

Faîtes chauffer un verre à whiskey à pied d'eau très chaude puis videz-le et répétez l'opération avec de l'eau bouillante. Remplissez de café un peu plus de la moitié du verre et sucrez à votre goût. Remuez pour dissoudre, puis ajoutez le whiskey. Versez la crème sur le dos d'une cuillère pour qu'elle flotte sur la surface du liquide. Dégustez le mélange très chaud à travers la crème froide.

Le whiskey irlandais chaud, également connu sous le nom de "Hot Irish" ou simplement "punch", est une boisson très prisée dans les pubs irlandais en hiver.

---

eau bouillante
1 ou 2 cuillerées à café de sucre
1 large mesure de whiskey irlandais
1 rondelle de citron
2 ou 3 clous de girofle

Faites chauffer un verre à whiskey. Remplissez d'eau bouillante un petit peu plus de la moitié du verre. Ajoutez du sucre à votre goût, puis le whiskey, une rondelle de citron et des clous de girofle. Servez immédiatement.

Index des noms français des recettes